Antonio Gramsci
Von Hegemonie und Geist

Christoph Lanzendörfer

AF235372

Die erste Auflage erschien 2019 unter dem Titel: „Vom Schnüren der Schuhe. Antonio Gramsci und wir". Sie war ein Materialienband für die 18. Klausurtagung der SPD-Fraktion in Bassum, Spiekeroog, 8. - 10. März 2019

©2021 dieser Auflage: D r. Christoph L anzendörfer
Herstellung und Verlag: BoD – Books on Demand, Norderstedt
Umschlagfoto: Dr. Christoph L anzendörfer

ISBN 9783754322611

Bibliografische Information der Deutschen Nationalbibliothek:
Die Deutsche Nationalbibliothek verzeichnet diese Publikation in der Deutschen Nationalbibliografie, detaillierte bibliografische Daten sind im Internet über http://d-nb.de abrufbar.

Antonio Gramsci

Von Hegemonie und Geist

Ein Essay

Christoph Lanzendörfer

Antonio Gramsci, 1920

I. Vorwarnung vor zermürbender Langeweile

Friedrich Schiller gibt in seiner medizinischen Dissertation „Über den Zusammenhang der tierischen Natur des Menschen mit seiner geistigen" (heute würde man es *Psychosomatik* nennen) ein Beispiel für das, was er meinte: „Die Seefahrer, die der Brot- und Wassermangel auf der ungewissen See siech und elend niedergeworfen hat, werden durch das einzige Wort: *Land!*, das der Steuermann vom Verdeck erspäht, halb gesund..." (Schiller, § 13). Durch das *einzige* Wort also werden verschüttet geglaubte Energieleistungen abrufbar, aus dem Wort *Land!* entstehen ein Bild und darauf der Wunsch zur Realisierung - und damit Energie.

Was passiert, wenn vertriebene, verjagte Menschen das Wort **Heimat** hören? Es bilden sich schnell viele Bilder einer schönen, friedvollen Vergangenheit.

Freiheit! Gleichheit! Brüderlichkeit! sind ähnlich wirkmächtige Wörter: Was mag sich in den Vorstellungen der geknechteten, entwürdigten, hungrigen, hoffnungsleeren Menschen abgespielt haben, die diese Parole erstmals hörten? Endlich satt zu essen zu haben wie die feisten Prälaten oder Adeligen, endlich geachtet zu werden wie die Herren und Herrinnen der Schlösser, endlich im Nächsten nicht seinen Gegner zu sehen, den es zu bestehlen gilt, weil sonst er mich bestiehlt, um am Leben zu bleiben. Nein, endlich wie es auch Schiller in der Ode an die Freude ausgedrückt hat, „ein einig Volk von Brüdern" zu sein. Das ist ein Traum. Und da, da gibt es nun viele, sehr viele, die diesen Traum auch träumen, die diesem Traum Worte und damit Inhalte geben. Da mag schon ein Ausbruch an Freude und Energie stattfinden.

Politik heißt, aus Worten Inhalte zu formen.

Unsere Aufgabe als Politikerinnen und Politiker ist es genau deshalb, aus unseren Ideen Worte zu bilden, die wiederum zu Bildern, zu Vorstellungen über Zukünftiges werden. In der politischen Auseinandersetzung spielt die Kunst, „Themen zu besetzen", eine außerordentlich wichtige Rolle. Besetzen wir diese Themen, können wir dem, was unseren Grundwerten entspricht, kräftige Bilder verleihen, dann erschaffen wir diese Vorstellungskette und damit auch Unterstützung.

Deswegen ist es so sehr wichtig, in der Politik zuzuhören, aber auch genauso wichtig, miteinander reden zu können.

Überrascht hat mich deswegen die Vorstellung eines Kandidaten bei einer Vorstandswahl, er könne nicht gut reden, er wolle lieber arbeiten. Und weil er die Vorstellung dann auch mit einem maskulin-beifallträchtigen *Glück auf* beendete, brandete im Auditorium eine Welle trunkenen Glücks auf.

Nun, Politik ist die Arbeit mit dem Wort und der Überzeugung, Politik heißt Ideen weiter zu tragen. Was würden wir im umgekehrten Fall von einer Krankenhausleiterin halten, die einen Chirurgen einstellen soll, der bekennt, weder operieren noch verbinden zu können, er könne sich aber mit den Patientinnen und Patienten eigentlich ganz nett unterhalten? Und zur Unterstreichung des Gemeinten: Glück auf!

In der politischen Arbeit nicht sprechen zu wollen, das heißt: auch nichts über seine Ideen zu verbreiten, seine Vorstellungen preiszugeben, bedeutet eigentlich, ausschließlich stumm mit vielleicht sogar großen Augen dabei zu sein, aber nichts zu der Fortentwicklung politischen Wollens beizutragen. Es bedeutet im Kern: Den Ideen anderer hinterherzulaufen.

Oder man gibt sich mit der Rolle des stumm-drohenden Kolosses am Ende des Sitzungstisches zufrieden.

Das kann nicht unsere Aufgabe und das kann nicht unser Ziel sein. Sich mit Ideen auseinanderzusetzen und sie als Zukunftsmodell mit anderen zu teilen - das bedeutet auch, darüber zu sprechen, aus Worten Bilder zu machen, verständlich zu werden darüber, was man eigentlich in der Politik will. Und es bedeutet, sich mit gewissen Grundlagen dafür zu beschäftigen.

Theorie ist nicht mehr beliebt. Es gab in den sechziger Jahren eine Zeit, da war die Beschäftigung mit Ideen und Vorstellungen auch lustbesetzt (vergl. Felsch). In der Ära des Neoliberalismus hat sich die geistige Beschäftigung mit Gedanken, die nicht der Gewinnoptimierung dienen, verflüchtigt. Gedanken, die nicht sofort einen Nutzen bringen, was sollen die denn, bitte schön?

Schade, denn was spricht gegen geistiges Wachstum?

Antonio Gramsci hat sich mit vielen Ideen beschäftigt. In diesem Beitrag aber geht es vermehrt darum: Welches Werkzeug kann ich anwenden, damit der sieche und elende Seefahrer auf der ungewissen See etwas mit dem Wort *Land!* anfangen kann, damit der Vertriebene und Gejagte eine **Heimat** bewahrt und die Kraft daraus mitnimmt, damit der geknechtete, entwürdigte, hungrige und hoffnungsleere Mensch etwas mit uns teilen kann, was eine bessere Welt verspricht: **Freiheit! Gerechtigkeit! Solidarität!** Deshalb dieser kurze Abriss über einen Denker und seine Ideen.

Politik ist eine lange, oft umwegreiche Strecke, auf der überall Steine, große und kleine, herumliegen. Am besten gehen wir diesen Weg mit festen Schuhen. Um sie nicht zu verlieren oder um nicht zu stolpern, brauchen wir dazu eine feste Schnürung.
Gedanken können so etwas sein.

II. Antonio Gramscis Leben

Es gibt in Deutschland 32 Erich-Mühsam-Straßen, die Falken Frankfurts haben ihr Heim nach ihm benannt. Erich Mühsam war ein Antimilitarist, Schriftsteller und in der Münchener Räterepublik aktiv. Er wurde 1934 im KZ Oranienburg ermordet.

Eigentlich saß Erich Mühsam zwischen allen Stühlen: Er galt als Anarchist im ursprünglichen Sinne, erkannte also keine Herrschaft an. Damit war er weder den Kommunisten ein Vorbild (obwohl er kurzzeitig der KPD angehörte), die strikte Unterordnung verlangten, noch der späteren westdeutschen Demokratie. Die Stadt Lübeck erhielt vor dem Buddenbrookhaus ihren ersten Stolperstein für einen ihrer Bürger, nämlich Erich Mühsam.

Gäbe es einen Zusammenhang zwischen (in diesem Fall: postumen) Ehrungen und der öffentlichen Bedeutung, so müsste Erich Mühsam heute eigentlich nicht als vergessen gelten.

Nach Antonio Gramsci sind in Italien wesentlich mehr Straßen betitelt, nämlich über 40, in Siena gibt es einen Zentralplatz Piazza Antonio Gramsci, die Hauptstraße der sizilianischen

Stadt Cefalù wurde nach ihm benannt, in Rom heißt eine breite Straße nördlich des Marsfeld Via Antonio Gramsci.

Es gibt allerdings auch über 40 Städte, die Straßen und Plätze nach dem KPI-Vorsitzenden Palmiro Togliatti benannt haben[1] - dem parteiinternen Gegenspieler Gramscis, von dem es heißt, er und sein Mentor Stalin hätten nie wirklich die Freiheit Gramscis gewollt.

Warum dieser zeitraubende Ausflug in nur historisch relevante Bereiche?

Es soll gezeigt werden, dass alleine Ideen, die ein Mann wie Antonio Gramsci entwickelt hat, dazu führen können, dass dieser Denker eine weit über seine aktive politische Tätigkeit hinausgehende Achtung und Ehrung erfährt. Gramsci war nur zwei Jahre, von 1924 bis 1926, Abgeordneter im italienischen Parlament, er hat dort nur eine einzige größere Rede gehalten, meistenteils hat er journalistisch gearbeitet. Er hat in Turin die Zeitschrift *L'Ordine nou-*

---

[1] Die Sowjetunion hat ihn noch stärker geehrt: Sie benannte die Dreiviertelmillionenstadt Stawropol 1964 nach seinem Tode in Togliatti. Er hatte geholfen, dass sich Fiat finanziell an der Autofirma Lada engagierte und ihr den Verkaufsweg nach Europa öffnete. Sie ist in Stawropol beheimatet.

vo (Die neue Ordnung oder: Der Neuaufbau) geleitet, eine von drei kommunistischen Tageszeitungen, und war später an der auch von ihm neu gegründeten *L'Unità* (Die Einheit) beteiligt.

Und dennoch: Sein Einfluss ist wesentlich größer einzuschätzen als diese eine Parlamentsrede vermuten lässt.

Zudem gilt Gramsci als *Steinbruch*: In seinem Werk wird jeder irgendein Zitat für seine Arbeit finden. Deshalb ist Gramsci nicht nur für Sozialisten und Marxisten ein besonders wichtiger Autor, sondern auch zunehmend für Rechte, Rassisten und Faschisten[2].

Gramsci muss also eine Position entwickelt haben, die in der Politik einen gewissen Gebrauchswert darstellt.

Noch erstaunlicher: Eine richtige Theorie hat er nie erstellt. Die meisten seiner Arbeiten entstanden im Gefängnis. Er hat in Notizheften Ideen, Hinweise, Stichwörter oder Gliederungen entwickelt, die er später in Freiheit ausar-

---

[2] Björn Höcke hat am 20.1.2018 in der Lutherstadt Eisleben eine über einstündige Rede zu Gramsci gehalten: https://www.t-online.de/nachrichten/deutschland/ parteien/id_83199606/wie-ein-kommunist-und-ein-werbeguru-die-afd-stark-machten.html

beiten wollte. Dazu ist es nie gekommen, es gab für ihn keine Freiheit mehr.

Deswegen lesen sich die Texte mitunter schwer. Noch schwerer wiegt allerdings, dass er einer faschistischen Zensur unterworfen war: Er musste sehr vieles verdeckt ausdrücken. Und hier gab es dann Schwierigkeiten oder deutlicher: Schon in der ersten Veröffentlichung seiner Texte wurde viel Interpretation geboten.

Gramsci sprach in seinen Gefängnisheften nie vom Marxismus. Das hätte ihn vermutlich sofort die Schreiberlaubnis gekostet. Aus diesem Grunde sah sich Togliatti über zehn Jahre nach Gramscis Tod (zu diesem Zeitpunkt war Togliatti noch überzeugter Stalinist) bei der Herausgabe der *Gefängnishefte* berechtigt, immer dort, wo Gramsci „Philosophie der Praxis" geschrieben hatte, „historischer Materialismus" oder „Marxismus" einzusetzen. Mit Sicherheit, das wird beim Studium seiner Ideen deutlich, hat Gramsci das aber nicht gemeint. Für Gramsci bedeutete die *Philosophie der Praxis* schon eine gewisse Abkehr vom Materialismus. Gramsci hatte keine „materialistische Kulturtheorie".

Auch deutsche Erzeugnisse übernahmen willig diese Fehlinterpretation. Harald Neubert, bis 1989 Direktor des Instituts für Internationale Arbeiterbewegung an der Akademie für Gesellschaftswissenschaften beim ZK der SED, sah es ähnlich wie Togliatti: „Das marxistische Gedankengut, das er als Philosophie der Praxis bezeichnete,…" (Neubert, S. 8).
Gramsci wird also von rechts und links je nach Gutdünken missdeutet.

Antonio „Nino" Gramsci wurde am 22.1.1891 in Ales im Westen Sardiniens geboren. In einer Gemeinde mit damals etwa 1.200 Einwohnerinnen und Einwohnern gab es etwas Ungewöhnliches: Ales war Bischofssitz, auch wenn es der kleinste Italiens (und wohl auch der Welt) war und ist. In den ersten hagiographischen Berichten über ihn hieß es, er sei Sohn armer Bauern gewesen. Das war er aber nach eigenen Angaben und denen seines Bruders Gennaro nicht, er selbst gibt an, dass es der Familie trotz vorübergehender Armut (der Vater war wegen geringfügiger Unterschlagung kurzzeitig im Gefängnis, er wurde zwar später rehabilitiert, hatte aber dennoch seinen Arbeitsplatz im Registeramt von Ales verloren) immer gut gegangen sei (Biographische Hinweise nach Barfuss/Jehle und Fiori). Antonio Gramsci hatte insgesamt sechs Geschwister, er war das Mittelkind.

Da Gramsci bereits früh an körperlichen Beschwerden litt, musste er sich ganz auf seine geistigen Fähigkeiten verlassen. Er war ein guter Schüler, hatte in der Grundschule beste Noten, für einen weiteren Schulbesuch reichte aber vorübergehend das Geld nicht. Er arbeitete daraufhin erst einmal in einem Kataster-Amt; sein erstes Gehalt soll 9 Lire monatlich betragen haben. Später besuchte er dann in Cagliari das Gymnasium, wo er mit seinem Bruder Gennaro zusammen wohnte. Gennaro, der seinen Militärdienst in der sozialistischen Hochburg Turin absolviert hatte, begann dort für die Linke aktiv zu werden und beeinflusste Antonio dadurch stark.

Antonio Gramsci erkrankte sehr früh und wohl unerkannt an Tuberkulose. Mit 15 Jahren hörte er auf zu wachsen, er wurde nie größer als 150 cm, dafür entwickelte sich ein starker Buckel. Seine Brüder versuchten diesen Buckel „wegzustrecken", indem sie ihn in der Scheune aufhängten und nach unten zogen.

Gramsci hat das überlebt. Nicht nur das: Er war seinen Brüdern für ihre mitfühlende Hilfe dankbar.

Frühe Bilder lassen, zumal im Zusammenhang mit unserem jetzigen Kenntnisstand, an die „Pott'sche Erkrankung" denken. Die nach dem englischen Chirurgen Percival Pott benannte Erkrankung beschreibt eine örtliche tuberkulöse Infektion der Wirbelsäule mit einer aus einer Zerstörung der Knochen resultierenden Verformung zu einem „Gibbus", einem Buckel also. Damit war Nino Gramsci deutlich behindert, denn unter dieser Verformung der Wirbelsäule nahm auch die Entfaltbarkeit der Lunge Schaden: Gramsci konnte kaum jemals ohne heftig zu schnaufen eine Treppe hochsteigen.

1911 begann Gramsci in Turin zu studieren, er erhielt nach harter Prüfung ein Stipendium von 70 Lire pro Monat (für zehn Monate im Jahr), mit denen er die Kosten des Aufenthaltes kaum decken konnte. Es gab bei über 70 Bewerbungen nur 39 Stipendiatsplätze; nach Abschluss der Prüfungen fand sich Antonio Gramsci im Aushang der Bestandenen auf Platz neun wieder; Platz zwei hatte ein anderer „armer Sarde" belegt: Palmiro Togliatti. Sie lernten sich aber erst richtig beim anschließenden Studium kennen.

Die Krankheit machte Gramsci hier stark zu schaffen, die Abschlussprüfungen musste er mehrfach verschieben, in dieser Zeit erhielt er auch kein Stipendium.

Gramsci entschloss sich zum Studium der Philologie. Erst an der Universität von Turin lernte er Togliatti näher kennen, der Rechtswissenschaften studierte. Ob sie sich sympathisch fanden, ist nicht überliefert, beide wurden aber in Turin politisiert. Während des Studiums begann Gramsci in der sozialistischen Partei (*PSI*: Partito Socialista Italiano) aktiv zu werden, er half in einem Büro aus, in dem die Gründung der Zeitung *L'Ordine Nouvo* vorbereitet wurde. Sie wurde von einer Sektion des PSI in Turin initiiert, die mehr wollten als das, was an Verlautbarungen im offiziellen Organ der Sozialisten, dem *Avanti!* („Vorwärts") für Turin und Umgebung zu lesen war. Chefredakteur und Direktor des Avanti! war Benito Mussolini. Als der aber mehr und mehr nationalistische Töne anschlug, eine internationale Verbrüderung ablehnte und zudem eine Verschmelzung aller Parteien zu einer nationalen Einheit verlangte, wurde er aus dem Redaktionskolleg des *Avanti!* entlassen und 1914 aus dem PSI ausgeschlossen.

Gramsci schloss sein Studium nicht ab. Sehr zum Bedauern seines ihn fördernden Professors Matteo Bartoli, der in ihn sogar schon seinen Nachfolger gesehen hatte. Dafür engagierte sich Gramsci in der sozialistischen Presse, schrieb für den *Avanti!* und wurde damit in ganz Italien bekannt, mehr aber arbeitete er für Lokalblätter. Er war bis zum Schluss seines Erscheinens Redakteur des *Il Grido del popolo* („Die Volksstimme" oder besser: „Der Volksruf"[3]). In den letzten Tagen war er alleiniger Redakteur und Herausgeber des Grido, einer Tageszeitung! Ein gewaltiges Pensum, das Gramsci sich aufgebürdet hatte und das er leistete.

---

[3] Der Name ist Programm. Im Italienischen gibt es für *Stimme* verschiedene Worte: Die normale Stimme ist *voce*, der Grido del popolo wird bisweilen fälschlich als „Volksstimme" übersetzt. *Grido* ist die lautere Stimme, am ehesten das Schreien oder Rufen, während das Gebrüll *urlo* ist. Wenn jemand eine Zeitschrift also *grido* nennt, will er laut sein.

In der Zeit nach dem Krieg gab es vermehrt Probleme innerhalb des PSI. Nach verschiedenen Querelen und einem Zweckbündnis dreier linker Fraktionen innerhalb des PSI kam es im Jahr 1921 beim Parteitag in Livorno durch Spaltung des PSI zur Gründung des *PCI*: Partito Communista Italiano. Treibende Kräfte (und damit auch die drei „schismatischen" Fraktionen repräsentierend) waren Palmiro Togliatti, Amadeo Bordiga und Antonio Gramsci.

1922 auch übernahmen die Faschisten Mussolinis die Macht in Rom. Bordiga wurde bereits 1923 erstmals verhaftet und ins Gefängnis gebracht.

Bordiga lehnte Wahlen als Mittel zur politischen Veränderung ab. Mit seinen über Jahre hinweg relativ einflussreichen Beiträgen in den Zeitschriften *Il Soviet, Il Communista* und auch in dem von Gramsci bearbeiteten *L'Ordine nuovo* setzte er sich für eine Unvereinbarkeit von Revolutionären und Reformisten, also gegen jede Zusammenarbeit mit den Sozialisten ein. Er war der Meinung, Faschisten und Sozialdemokraten oder Sozialisten seien im Prinzip das gleiche[4]. Diese Idee setzte sich später zu Stalins Theorie des *Sozialfaschismus* um, womit er die Sozialdemokratie bezeichnete. Bordiga vertrat Italien auf dem 2. Kongress der kommunistischen Internationalen 1920 und legte dort Lenin gegenüber einen Entwurf vor, die *21 Bedingungen*. Auch aus dem Gefängnis heraus hatte Bordiga noch einen starken Einfluss innerhalb des PCI. Lenin setzte allerdings nach dessen Verhaftung Togliatti und Umberto Terracini zur Leitung des PCI ein.

Gramsci arbeitete zu dieser Zeit in Turin in der Redaktion des *L'Ordine nouvo*. 1922 leitete er die Delegation des PCI, er wurde Vertreter des PCI im Exekutivkomitee der Dritten Internationale. Mit anderen Worten: Nach elf Jahren Wohnen und Arbeiten in Turin zog er zum ständigen Sitz der *Komintern* nach Moskau um. Anfangs arbeitete er auch weiter so hart, dass ihm dringlich ein Kuraufenthalt empfohlen und

---

[4] „Wir müssen uns darauf gefasst machen, dass die beiden Methoden der bürgerlichen Offensive eine Synthese bilden werden und dass die Sozialdemokraten und Faschisten zusammen eine scharfe Offensive gegen die revolutionäre Bewegung unternehmen und in Gemeinschaft als Gegner auftreten werden..." nach Neubert. S. 19.

schließlich, als er den Empfehlungen nicht folgen wollte, angeordnet wurde. Er wurde zum Sanatorium „Silberwald" außerhalb von Moskau geschickt. Er lernte dort eine Patientin erneut kennen, die er schon flüchtig aus Italien kannte: Eugenia Schucht. Ihr Vater, Apollo Schucht, musste nach einer Verbannungsstrafe wegen antizaristischer Umtriebe emigrieren. Über Frankreich zog die begüterte Familie nach Rom, wo die Töchter zu Musikerinnen ausgebildet wurden. Nach der Oktoberrevolution konnten die Schuchts wieder zurück nach Russland, nur die Tochter Tanja blieb in Rom.

Eugenia wurde oft von ihrer Schwester Giulia („Julka") besucht. Sie unterrichtete an der Musikschule von Ivanovo, einer Textilarbeiterstadt etwa 100 km von Moskau entfernt. Giulia und Antonio waren wohl beide sehr zurückhaltend und verlegen, beide spürten aber auch sehr früh ihre gegenseitige Anziehung. Gramsci war Frauen gegenüber außerordentlich schüchtern, seine körperliche Missbildung hemmte ihn wohl mächtig, anders als im politischen Bereich. In einem Brief schrieb er: „Seit vielen Jahren glaube ich, dass es für mich absolut und auf schicksalhafte Weise unmöglich ist, geliebt zu werden" (Fiori, S. 218). Gramsci veränderte sich sehr durch diese Liebe. Er berichtete Zeit seines Lebens von diesen ersten, zarten Stunden. Er, der mehrfach betont hatte, er habe bisher nur durch den Kopf und nicht durch das Herz gelebt, hatte durch Giulia ein neues Zentrum gefunden. Auch sie muss sich schnell in ihn verliebt haben. Für ihn bedeutete das nach heftigen Überlegungen eine Abkehr vom strengen Materialismus Marxscher Prägung, nach dem materielle Gegebenheiten wie typischerweise Produktionsverhältnisse Denken und Handeln bestimmten. Dialektisch beschreibt er: „Wie oft habe ich mich gefragt, ob eine wirkliche Beziehung zu einer Masse von Menschen für jemanden möglich ist, der nie einen Menschen geliebt hat, nicht einmal die eigenen Eltern; ob man eine Gemeinschaft lieben kann, wenn man nie einzelne Menschen geliebt hat. Musste sich das nicht auf mein Leben als militanter Sozialist auswirken und mussten meine Qualitäten als Revolutionär dadurch nicht zu einer sterilen, rein intellektuellen Angelegenheit werden?" (Fiori, S. 219 f). Und später: „Liebe Julka, du bist mein ganzes Leben. Bevor ich dich liebte, habe ich nicht gewusst, was

Leben bedeutet: etwas Großes und Schönes, das jeden Augenblick und jede Regung des Daseins erfüllt ... Ich denke, wenn wir zusammenleben, werden wir unbesiegbar sein und werden sogar den Faschismus bekämpfen können, wir wollen eine freie und schöne Welt für unser Kind und wir werden mit so viel Klugheit kämpfen wie nie zuvor" (Fiori, S. 237 f). Das kann nur jemand sagen, der von einer Zukunft, von einer gemeinsamen Zukunft ausgeht.

Die Liebe zu Giulia lässt aus Gramsci einen viel offeneren, empathischeren Menschen werden. In Giulia liebt er „die Masse von Menschen" und umgekehrt sieht er in der Liebe zu dieser Masse seine zu Giulia verstärkt. Dies ist keine materialistische Sichtweise, sondern eine zutiefst idealistische, also eine von Ideen ausgehende Bestimmung von Handlungen. Und eine direkt in die Zukunft gerichtete.

Inzwischen war Giulia nämlich schwanger geworden.

Über Wien reist Gramsci nach Italien zurück. Bei den Parlamentswahlen 1924 hatte er ein Abgeordnetenmandat im Wahlkreis Venedig-Friaul gewonnen, genoss damit also parlamentarische Immunität. Er zog als Abgeordneter nach Rom. Giulia blieb vorerst in Russland und brachte dort auch ihr und Antonios Kind zur Welt: Delio.

Mittlerweile hatte der Faschismus alle Hemmungen verloren, jeder Andersdenkende musste um Freiheit und Leben besorgt sein.

1925 lernte Gramsci Giulias Schwester Tanja Schucht in Rom kennen. Sie trafen sich öfter und fanden auch eine Seelenverwandtschaft. Tanja spielte später in Gramscis Gefängniszeit eine sehr wichtige Rolle.

Am 16. Mai 1925 hielt Gramsci seine einzige Parlamentsrede. Es ging um ein Gesetz gegen die Freimaurer, das in der Tat aber gegen alle nicht-faschistischen Organisationen gerichtet war. Es kam zu einem Rededuell mit Mussolini. Mussolini, der brüllende Demagoge, der mit reißerischen Posen und viel Lautstärke sein Publikum zu begeistern (oder: zu unterhalten) wusste, und nach ihm der wegen seiner Luftnot sehr leise, konzentriert und ohne viel Pathos redende Gramsci. Ein Foto von dieser Parlamentssitzung zeigt Mussolini, wie er mit der Hand hinter dem Ohr angestrengt zuhört und während der Debatte mit Gramsci diskutiert. Nach der Rede sollen sich Gramsci und Mussolini im Erfrischungsraum des Parlaments getroffen haben. Mussolini sei anerkennend, lächelnd und mit ausgestreckter Hand auf Gramsci zugekommen, der habe aber seinen Kaffee in Ruhe weiter getrunken und habe die ausgestreckte Hand ignoriert.

Inzwischen war Giulia wieder in Rom eingetroffen, zusammen mit ihrer Schwester Eugenia bewirtschafteten sie die Wohnung, in dieser Zeit lebte Antonio Gramsci mit seinem Sohn Delio erstmals ein gemeinsames Leben.

Als nach einem fehgeschlagenen Attentat auf Mussolini vom 7. April 1926 (die 62-jährige Engländerin Violet Gibson feuerte auf Mussolini, verletzte ihn aber nur durch einen Streifschuss an der Nase) weitere Repressionen einsetzten, wurden die letzten freien Zeitungen, denen die Schuld an dem Attentat gegeben wurde, verboten. Die Familie beschloss, dass die wieder schwangere Giulia wieder nach Russland zurückkehren sollte. Am 7. August 1926 verließen Giulia, Delio und Eugenia Italien, am 30. August wurde Giuliano geboren, der Sohn, den Antonio Gramsci nie sehen sollte.

Die Situation verschlechterte sich nach einem weiteren Attentat: Am 31. August 1926 soll in Bologna der fünfzehnjährige Anteo Zamboni auf Mussolini geschossen haben. Zeugen berich-

Giulia „Julka" Schucht-Gramsci mit Delio und Giuliano Gramsci

teten aber übereinstimmend, dass ein Milizsoldat einen Schuss in die Luft abgegeben und dann habe der Sekretär der faschistischen Partei in Bologna, Mario Giampaoli, sofort den zufällig dort stehenden Zamboni ergriffen und ihm die Kehle durchgeschnitten. Aufgrund dieses „Attentats" verschärften sich die faschistischen Repressalien weiter. Am 8. November 1926 gegen 22.30 Uhr wurde Antonio Gramsci rechtswidrig trotz bestehender Immunität als Abgeordneter in seiner Wohnung verhaftet. Das Manuskript zu *Einige Gesichtspunkte zur Frage des Südens* lag noch aufgeschlagen auf seinem Schreibtisch und sollte nie beendet werden.

Sein Leidensweg bis zu seinem Tode hatte begonnen.

Direkt nach der Verhaftung wurde er gemeinsam mit anderen Häftlingen nach Ustica verlegt, einer kleinen Insel bei Sizilien, die fast ausschließlich von Häftlingen bewohnt wurde. Er wohnte für 44 Tage in einer Art Wohngemeinschaft zusammen mit vier Häftlingen, die sich auch den Haushalt teilten. Bei ihm war auch der mittlerweile wieder inhaftierte Amadeo Bordiga. Zu lesen gab es anfangs genug, sein Freund Piero Sraffa hatte ihm ein „unbegrenztes" Konto in der Buchhandlung Sperling & Kupfer in Mailand eingerichtet, die ihn mit Lesestoff versorgte.

Nach diesen ruhigen sechs Wochen wurde Gramsci erst nach Mailand verlegt (es gab eine für ihn außerordentlich strapaziöse Reise von 19 Tagen vom Süden Italiens in den Norden mit Zwischenstopps in vielen Gefängnissen), bevor er am 11. Mai 1928 zu seinem Prozess nach Rom verlegt wurde.

Gramscis Prozess dauerte vom 28. Mai bis zum 4. Juni 1928. Der Prozess wurde nicht vor der ordentlichen Gerichtsbarkeit verhandelt, sondern vor einer politischen Kammer, einem Sondergericht, deren Richter nicht Juristen, sondern faschistische Parteiangehörige waren, die auch in Uniformen Gericht hielten. Der Präsident dieser Kammer war Alessandro Saporiti, ein General und Nicht-Jurist.

Die in diesem Prozess 22 Angeklagten saßen „unter militärischer Bewachung, aber ohne Handschellen", wie Fiori (S. 315) das Protokoll des ersten Verhandlungstags zitiert.

Das Urteil stand schon von Anfang an fest. Gramsci vermutete, dass die Komintern unter mittlerweile Stalins alleinigem Einfluss für einen Brief und damit letztlich für sein Strafmaß verantwortlich war, der vor Gericht immer wieder zitiert wurde und Gramsci in Schwierigkeiten brachte. Ruggero Grieco, ein Anhänger Togliattis (der vor Repressalien sicher in Moskau saß) und damit auch Stalins, hatte in einem durchaus freundlichen Ton Gramsci in diesem Brief Bewegungen innerhalb der Komintern mitgeteilt, hatte ihn den Führer der Kommunisten Italiens genannt und seine Verantwortung für viele subversive Aktionen ausdrücklich gelobt. Das war genau das, was die Ankläger brauchten. In einem Brief an Giulia vom 30.4.1928 (GB I, S. 64) empörte sich Gramsci darüber. Dieser Brief Griecos habe ihm sicherlich eine deutlich längere Strafe eingebracht.

Neubert, der seine Kenntnisse über Gramsci aus Togliattis Beschreibungen erhalten hat, berichtet übrigens hierüber nichts.

Formell hatten die Angeklagten noch Gelegenheit zu einem Schlusswort. Die 22 waren übereingekommen, dieses Schlusswort Umberto Terracini zu überlassen. Terracini war nach Bordigas Verhaftung ja gemeinsam mit Togliatti noch von Lenin zu Leitern des PCI ernannt worden. Er war ein wortgewandter Rechtsanwalt, wusste mit Paragraphen umzugehen und war deswegen den Nicht-Juristen fachlich spielend überlegen. Er legte dar, dass schon die Anklagen Unsinn enthielten, denn jedem der 22 Angeklagten wurde vorgeworfen, er sei der Parteiführer des PCI, was widersinnig sei. Punkt für Punkt konnte Terracini alles widerlegen, was ihnen vorgeworfen wurde - bis ihm das Wort entzogen wurde.

Die Urteile waren schon mit der Forderung des Staatsanwalts Michele Isgrò klar. Zu Gramsci gewandt hatte er in seinem Plädoyer am 2. Juni erklärt: „Für die nächsten 20 Jahre müssen wir verhindern, dass dieses Gehirn funktioniert."

Und so geschah es: Gramsci wurde wie die anderen Angeklagten zu 20 Jahren, 4 Monaten und 5 Tage Haft verurteilt, lediglich Umberto Terracini bekam mit 22 Jahren, 9 Monaten und 5 Tagen eine längere Haftstrafe.

Gramsci wurde ins Gefängnis nach Turi in der Nähe von Bari verlegt. Die IGS (International Gramsci Society) hat in ihrem Archiv ein Foto dieses Gefängnisses aus der Zeit von Gramscis Haft veröffentlicht: Ein düsterer, Angst einflö-ßender, großer Bau, geduckt in einer schmalen

Straße liegend. Nach zwei Jahren bekam er endlich die ersehnte Erlaubnis zu schreiben. Er schrieb seine Gedanken in Hefte, die Gefäng-nishefte.

Es gab Vermutungen, Gramsci sollte zwischen-zeitlich entlassen werden, aber dies sei ge-scheitert an Mussolinis Willen, an Intrigen oder an unabgestimmten Abläufen durch den Vatikan.

Sehr litt Gramsci unter den wenigen Briefen, die er von Giulia erhielt (neben den zehn Bänden der *Gefängnishefe* sind auch drei von *Gefängnisbriefen* mit den Schwestern erhalten, der erste dieser Bände, ein relativ schmaler Band, enthält die Korrespondenz mit Giulia, die anderen beiden starken Bände die mit seiner Schwägern Tanja). Was Gramsci nicht genau verfolgen konnte: Giulia war selber krank und litt mehrere Jahre unter einer Depression, wegen der sie auch sehr lange stationär behandelt wurde.

Zum zehnten Jahrestag der faschistischen Machtübernahme im November 1932 gibt es für viele Inhaftierte einen Straferlass, auch Gramscis Strafe wird auf zwölf Jahre und vier Monate verkürzt. Dieser Straferlass allerdings wird von einem Sondergericht im Oktober 1933 für Gramsci als „nicht anzuwenden" zurück genommen. Dennoch wird wegen des sich akut verschlechterten Gesundheitszustands Gramsci vorher, im Oktober 1933, in eine Klinik nach Formia am Tyrrhenischen Meer, etwa zwei

Drittel der Strecke von Rom nach Neapel, verlegt. Beim Packen seiner Sachen lenkt einer der ihm helfenden Freunde das Wachpersonal ab, so dass Tanja Schucht schnell die beschrieben Hefte aus dem Versteck im Gefängnis holen und auf dem Boden der Tasche verstauen kann. Am 25.10.1934 tritt eine Verordnung für die Freilassung auf Bewährung in Kraft. Formal bedingt frei darf er dennoch das Krankenhaus nicht ohne Bewachung verlassen. Dort bessert er sich kaum, deshalb wird im August 1935 seinem Gesuch zur Verlegung in die Klinik Quisisana nach Rom stattgegeben, wo er von Prof. Pulcinelli betreut wird.

Am 21. April 1937 sollte seine Strafzeit beendet sein. Gramsci will nach Sardinien zurück und dort in Abgeschiedenheit leben. Kurz vor der Entlassung verschlechtert sich sein Gesundheitszustand dramatisch, er, der an Tuberkulose Erkrankte, hustet viel Blut ab und erleidet am Abend des 25.4.1937 einen Schlaganfall. Früh am Morgen des 27.4.1937 verstirbt Antonio Gramsci.

Sein Vater starb nach dieser Nachricht zwei Wochen darauf. Zeugen berichteten noch später vom lauten Wehklagen um seinen Sohn.

Der Beerdigung seines Sohnes Nino am Tag nach dessen Tod hatte er nicht beiwohnen können.

Seine Asche wird nach Sardinien überführt, später nach der Befreiung Italiens aber auf dem protestantischen Friedhof in Rom beigesetzt.

Von Piero Montesacro - Eigenes Werk

III. Die Arbeit im Gefängnis: Die Hefte

Versetzen wir uns in Gramscis Situation: Körperlich nicht nur durch die Missgestaltung und damit der Lungenfunktion, sondern auch durch sehr häufige Gichtanfälle und Infektionen schwerst beeinträchtigt wird Gramsci anfangs in Turi in ein Zimmer mit fünf Mithäftlingen verbracht. An ein geistiges Arbeiten ist da natürlich nicht zu denken. Neben der fehlenden Ruhe und Konzentrationsmöglichkeit gab es rein technisch keine Möglichkeit, konsequent zu denken und zu schreiben. Erst als er bei dem täglichen Rundgang wegen eines Gichtanfalls von anderen gestützt und getragen werden muss, wird ihm eine Einzelzelle zugestanden. Diese Zelle ist die Zelle Nr. 1 in der I. Abteilung, genau neben dem Wachzimmer. Er ist damit unter ständiger Kontrolle des Wachpersonals und muss den dauernden Radau der Posten ertragen.

Zudem kommen entsetzliche äußere Bedingungen. Turi ist eine kleiner Ort 25 km südöstlich von Bari, er liegt im Flachland, bis zum

Meer sind es 30 km. Die dort sengende Hitze ist auch für einen Sarden wie Gramsci nicht einfach zu ertragen, zudem sich nördlich seiner Geburtsstadt Ales ein großer Wald erstreckte, er kannte also auch zwischenzeitlichen Schutz vor der Hitze. Gramsci hatte einige rücksichtsvolle Wärter, aber eben nicht alle. Der Gefängnisarzt, Dott. Cisternino, vernachlässigte Gramsci in jedem Fall, in einem Gespräch erwähnte er: Als Faschist könne er nur Gramscis Tod wünschen (Fiori, S. 321).

Im Januar 1929 erhält Antonio Gramsci die Erlaubnis zu schreiben. Die Erlaubnis geht wohl direkt auf Mussolinis Intervention zurück. Gramscis Mutter nämlich hatte den *Duce* am 25. August 1928 angeschrieben und ihn inniglich gebeten, ihrem Sohn das Schreiben in seiner Zelle zu erlauben (GB II, S. 217, Fußnote 3[5]). Die Arbeitsmaterialien Bücher, Tinte, Federn, Papier werden ihm von Freunden, meist von Piero Sraffa, besorgt, der ihm auch die ge-

---

[5] Die Verweise bedeuten: GH = Gefängnishefte; Bandnummer, Heftnummer, Paragraphennummer, Seite in der zehnbändigen Ausgabe.
GB = Gefängnisbriefe; Bandnummer, Seite

wünschten Bücher zur Verfügung stellt. Er beginnt mit Lockerungsübungen: Übersetzungen. „Im Augenblick mache ich nur Übersetzungen, um mich wieder einzuüben, und bringe dabei Ordnung in meine Gedanken." So schreibt er im Brief vom 9. Februar 1929 an Tanja Schucht (GB II, 221).

Anfänglich dachte er an vier Themenblöcke:

1) Eine Untersuchung über die italienischen Intellektuellen, ihre Ursprünge, ihre Gruppierungen entsprechend den kulturellen Strömungen, ihre verschiedenen Denkweisen;

2) eine Studie über vergleichende Sprachwissenschaft;

3) eine Studie über das Theater Pirandellos und über den Wandel des italienischen Theatergeschmacks, den Pirandello repräsentiert und mitbestimmt hat;

4) ein Essay über den Trivialroman und den literarischen Geschmack des Volks.

Zweierlei können wir daraus erkennen: Politisch-philosophische Texte waren zunächst nicht geplant, eher vorerst kulturpolitische Abhandlungen. Meist wollte Gramsci Themen bearbeiten, mit denen er sich schon lange beschäftigt hatte, die also keinen sehr großen wissenschaftlichen Apparat als Präsenzbibliothek benötigen (Die Untersuchung der Intellektuellen Italiens war schon lange geplant, die sprachwissenschaftlicher Studie hing mit seinem Studium der Philologie zusammen und in Turin war er als Korrespondent des *L'Ordine nuove* häufig im Theater, insbesondere zu Aufführungen von Liugi Pirandello). Und zweitens deutet der geringe geplante Arbeitsumfang darauf hin, dass Gramsci doch auf eine frühzeitigere Entlassung hoffte.

Die ersten Übersetzungen aus dem Französischen, dem Deutschen und dem Russischen füllten vier Hefte. Sie werden im Allgemeinen nicht zu den 29 Gefängnisheften, sondern gesondert gezählt.

Das Wort „Heft" bedarf noch einer Begriffsbestimmung. Es handelt sich dabei mitnichten um die uns bekannten, 16 Blätter umfassenden DIN-A-5-Schulhefte, die italienischen *quaderni* sind oktavformatige (knapp DIN A 4) Notizbücher mit einem Umfang von 200 Seiten und mehr. Umgerechnet füllen die 29 *quaderni del carcere*, die Gefängnishefte, also weit mehr als 4.000 Schreibmaschinenseiten. Manche Hefte tragen das Sigel der Herstellerfirma Laterza, einen noch heute in Bari und Rom existierenden Verlag mit Druckerei[6]. Er beschrieb die Hefte nicht chronologisch, sondern thematisch gegliedert, blieb aber selbst nicht dauernd bei seiner eigenen Gliederung.

Könnten wir selbst unter diesen Bedingungen konzentriert denken und schreiben? Vielleicht einige Zeit lang. Aber Monate? Jahre? Ein Jahrzehnt? Ohne je zu wissen, wann, wenn überhaupt, wir jemals die Freiheit wieder sehen?

Irgendwann stellt sich die Frage nach dem Wozu. Zwei Jahre zuvor, am 19. März 1927, hatte er in einem Brief an Tanja Schucht geschrieben: „Ich bin besessen (das ist ein für Häftlinge typisches Phänomen, glaube ich) von dem Gedanken: man müsste etwas tun *für ewig*[7], nach einem vielschichtigen Begriff Goethes" (GB II, S. 92).

Gramsci wusste, dass seine Briefe an Tanja und Giulia Schucht, an seine Freunde und Familie, zensiert wurden. Möglich, dass er deshalb die vier Punkte seiner Arbeit so aufgestellt hatte:

---

[6] Zufall: Giuseppe Fiori veröffentlichte seine Biografie über Gramsci bei Laterza.

[7] Im Original Deutsch

Sie waren auf den ersten Blick nicht allzu subversiv. Gleichzeitig hatte er nämlich ein erheblich umfangreicheres Programm. Auf der ersten Seite des ersten Hefts notierte er nämlich:

„Hauptthemen:
1) Theorie der Geschichte und der Geschichtsschreibung;
2) Entwicklung der italienischen Bourgeoisie bis 1870;
3) Herausbildung der italienischen Intellektuellengruppen: Entwicklungen, Haltungen;
4) die Volksliteratur des „Feuilletonromans und die Ursachen ihres anhaltenden Erfolgs;
5) Cavalcante Cavalcanti: Seine Stellung in der Struktur und in der Kunst der Göttlichen Komödie;
6) Ursprünge und Entwicklung der Katholischen Aktion[8] in Italien und in Europa;
7) der Folklorebegriff;
8) Erfahrungen des Gefängnislebens;
9) die „Südfrage" und die Frage der Inseln;

---

[8] Die *azione cattolica* war eine Laienbewegung, die sich auch bewusst politisch engagierte. In Deutschland entstand aus ihr die Zentrumspartei.

10) Betrachtungen über die italienische Bevölkerung;
11) Amerikanismus und Fordismus;
12) die Sprachfrage in Italien;
13) der Alltagsverstand;
14) Typen von Zeitschriften: theoretische, historisch-kritische, der Allgemeinbildung (Popularisierung);
15) Junggrammatiker und Neolinguisten („dieser runde Tisch ist viereckig");
16) die Enkelchen des Pater Bresciani[9]" (GH I, S. 67).

Dieses Programm sieht schon anders aus.

Aber auch hieran lässt sich erkennen: Gramscis Interessen waren in höchstem Maße kulturpolitisch, sie schauten immer über den Tellerrand der eigenen Anschauungen heraus und waren neugierig, sich mit anderen auseinanderzusetzen. Was noch erkennbar ist: Eine eigene Philosophie, ja: eine eigene Schule hatte Gramsci ganz offensichtlich nicht geplant.

---

[9] Antonio Bresciani Borsa (1798 - 1862) war Jesuit und Schriftsteller. Er gilt als der Prototyp des „klerikalen Reaktionärs".

Die Arbeit an den Heften war auch körperliche Arbeit. Gefangene im italienischen Faschismus hatten es sicherlich viel besser als ihre Genossinnen und Genossen in Deutschland. Im Vergleich mit Hitlers KZs waren die Gefangenen hinsichtlich Ernährung, Bekleidung, Unterbringung, auch ärztlicher Versorgung erheblich besser gestellt. Das mag damit zusammenhängen, dass im italienischen Faschismus auch gefangene Sozialisten und Kommunisten noch als Italiener, also als welche von uns, angesehen wurden, während die Nazis Missliebige als Untermenschen ausrotten wollten. Zudem galt Mussolinis Auffassung: Wir haben sie zu Gefängnis, aber nicht zum Tode verurteilt. Die Vergünstigungen wie ausreichende Ernährung, Papier und Tinte suchte man in nazideutschen KZs vergeblich. Hinzu kommt, dass etliche Wächter (meist waren es ehemalige Arbeiter aus der Umgebung) mit den Gefangenen sympathisierten und ihnen auch halfen. Dennoch ist geistige Arbeit nur bedingt in einem solchen System möglich. Stühle und Tische waren keine Selbstverständlichkeit. Über Gramscis Arbeitsweise wird berichtet (s. Fiori), dass er beim

Denken in seiner Zelle auf und ab ging, dann einen Satz verfasste, indem er zu seinem Heft auf einer Tischkante eilte, den Satz im Stehen niederschrieb, während er mit einem Knie auf dem Schemel lehnte, gleich wieder aufstand und denkend weiter ging. Ein sicherlich den Gegebenheiten angepasster Arbeitsstil.

Die in den Gefängnisheften niedergeschriebenen Inhalte mussten sich dem Gefängnisleben anpassen. Ein konstantes Arbeiten an einem großen Text war nicht möglich. In den 29 Heften, deren Absätze Gramsci immer mit einem §-Zeichen und einer knappen, beschreibenden Überschrift begannen (die Nummerierung erfolgte posthum), sind deshalb im Prinzip nur als kurze Abschnitte, Notizen, manchmal nur als Überschriften zu lesen. Einer der Herausgeber der deutschen Ausgabe, Wolfgang Fritz Haug, nennt dieses Werk deshalb „formal ein Anti-Werk" (GH I, S. 8). Gramsci hatte gehofft, später in Freiheit und Gesundheit daraus ein großes Werk zu machen, überarbeitet und nach Prüfung und Ergänzung der Literatur.

Valentino Gerratana, der Herausgeber der ersten italienischen Ausgabe, konnte drei grundsätzliche Texttypen ausmachen:

Typ-A-Texte waren die Erstschrift, Typ-C-Texte deren spätere Überarbeitung (aus diesem Grund beschrieb Gramsci die Hefte nicht ausschließlich chronologisch), wobei er die überarbeiteten Texte nicht löschte, sondern mit einer schwachen, langen Linie durchstrich, so dass sie später zu lesen waren. Typ-B-Texte waren unüberarbeitete Texte (GH I, S. 43). Revidierte Überzeugungen lassen sich so sehr gut nachvollziehen, es ist, als schaute man einem Autor bei der Arbeit zu.

Und aus diesem Grunde ist die Beschäftigung mit den Texten sehr spannend, aber auch mühsam, denn Gramsci äußert sich zu einem Thema an verschiedenen Stellen.

Wenn wir also bestimmte Themen verfolgen und für unsere politische Arbeit nutzen wollen, so werden wir in den Gefängnisheften hin- und herblättern und uns manche Texte einfach erschließen müssen. Unter diesen Bedingungen wollen wir uns mit den beiden wichtigsten und für Gramsci charakteristischen Themen beschäftigen: Seinem Verständnis von Hegemonie und seinen kulturellen Interessen. Wenn politische Theorie direkt in Praxis umgesetzt werden kann, dann in diesen beiden Fällen. Sie sind auch die beiden Aspekte, wegen der Antonio Gramsci in seiner eigenen Partei, dem PCI, Schwierigkeiten hatte. Aber gerade der Aspekt der Hegemonie (diesen Ausdruck, dies schon vorweg, dürfen wir nicht mit unserem bisherigen Verständnis von Hegemonie gleichsetzen) führte zu politisch farbigen Bündnissen, z.B. in vielen Regionen Italiens zum *compromesso storico*, dem Historischen Kompromiss zwischen Arbeiterbewegung und Kirche. Gramsci war ihr Vordenker.

Den Übersetzern gebührt höchste Anerkennung.

Ich würde es auch in drei Leben wohl kaum schaffen, den „ganzen Gramsci" im Original zu lesen. Ähnlich schwer dürfte nur James Joyce zu übersetzen sein. Zudem scheint Gramsci in Hast und mit eigenen Kürzeln gearbeitet zu haben (sicher, die Texte waren ja auch nur als seine Notizen für spätere Arbeit gedacht). Schon beim allerersten Satz des allerersten Hefts (GH Bd. 1, Heft 1, § 1, S. 68) wäre ich verzweifelt. Er beginnt im Original so: *Ricordare la risposta data da un operaio cattolico francese all'autore su Ouvries et Patrons,…* In diesem Satzfehlt schlicht ein konjugiertes Verb. Deshalb ist auf den ersten Blick gar nicht klar, wie

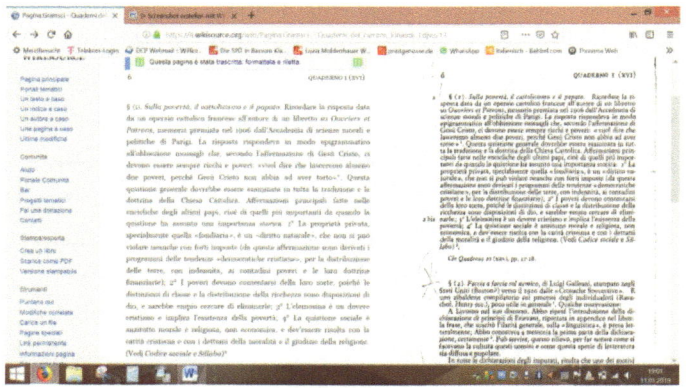

Gramsci es gemeint haben könnte. Möglichkeiten, diesen allerersten Satz der Hefte zu übersetzen gibt es mehrere (als endungslosen Infinitiv, also als selbstreflexiven Imperativ mit *um an die Antwort zu erinnern* oder nur als Stichwort), aber der „Ausbau" zu einem vollständigen Satz wäre schon Interpretation.

Gramsci schrieb, das können wir daraus folgern, eher erst einmal für sich, möglicherweise ein riesig angelegter Zettelkasten, in dem er nach seiner immer erhofften Freilassung arbeiten könne. Auf der ersten Seite des elften Hefts notiert Gramsci:

„<Warnung> Die in diesem Heft enthaltenen Notizen sind, wie in den anderen, mit fliegender Feder geschrieben, um eine rasche Gedächtnisstütze aufzuzeichnen. Sie sind alle genauestens durchzusehen und zu überprüfen, weil sie bestimmt Ungenauigkeiten, falsche Annäherungen, Anachronismen enthalten. Geschrieben, ohne die Bücher, auf die Bezug genommen wird, bei der Hand zu haben, ist es möglich, dass sie nach der Kontrolle radikal korrigiert werden müssen, weil sich gerade das Gegenteil des Geschriebenen als wahr herausstellen könnte" (GH, Bd. 6, Heft 11 [Einführung ins Studium der Philosophie], S. 1.367).

Die massiven körperlichen und gesundheitlichen Beeinträchtigungen, das Leben in Gefangenschaft in einer Willkürherrschaft ohne begründete Hoffnung auf Freiheit oder schlicht erst einmal Gerechtigkeit, die ohnehin schlechten Möglichkeiten, sich Informationen oder Basislektüre zu beschaffen - all dieses berücksichtigend brauchen wir die Frage „Wie konnte Gramsci sein gewaltiges Werk nur schaffen?"

gar nicht zu stellen. Dieses Werk **war** sein Leben, ohne die Arbeit daran wäre er viel früher an seiner Haft zerbrochen. Die *quaderni del carcere* sind Zeugnis einer lebenserhaltenden Energieleistung. Sie sind wie das einzige Wort *Land* für den siechen und elenden Seefahrer auf der ungewissen See, wie das Wort **Heimat** für den Verjagten und Vertriebenen und wie **Freiheit! Gleichheit! Brüderlichkeit!** der geknechteten, entwürdigten, hungrigen, hoffnungsleeren Menschen.

IV. Hegemonie und Kultur

Vor Schmerz schreiende Kühe, es streiken die Melker eines Großbetriebs. Ein Pfarrer als Streikbrecher, der kommunistische Bürgermeister hilft aus humanitären Gründen, mit der gemolkenen Milch stoßen sie in Zehn-Liter-Eimern an, ohne die gewonnene Milch dem Molkereibesitzer zur Verfügung zu stellen. Was in den wunderbaren Filmen von *Don Camillo und Pepone* so romantisch (und recht einseitig zugunsten des zupackenden Gottesmannes und zuungunsten des *dogmatischen* Bürgermeisters) dargestellt wurde, passierte nicht nur in diesem kleinen Ort im Irgendwo der Po-Ebene häufiger: Die Zusammenarbeit zwischen Arbeiterbewegung, zumeist den Kommunisten des PCI, und der Kirche.

Zu vielen Begebenheiten hat Antonio Gramsci sein Interesse an den Ideen anderer bewiesen. Sie waren für ihn nicht nur Stichworte, um seine eigenen Überzeugungen zu verbessern, die Meinungen der anderen interessierten ihn wirklich.

Im PSI gab es eine streng antiklerikale Haltung. Das mit der Kirche abrechnende Blatt dafür hieß *L'Asino*, der Esel. Asino wird aber auch wie im Deutschen als Beschreibung eines Dummkopfes verwandt und das italienische Sprichwort *Que asino nasce asino muore* heißt zwar wörtlich übersetzt: Wer als Esel geboren wird, stirbt als Esel. Und das heißt auch auf Deutsch: Dumm geboren - nichts dazugelernt. Der PSI schloss bis in die 20er Jahren konsequent alle Mitglieder aus, die etwas mit der Kirche zu tun hatten. So waren 1913 zwei Sozialisten aus Domusnovas, einer kleinen Gemeinde im Süden Sardiniens, aus dem PSI ausgeschlossen worden: Francesco Saba, weil er zur Messe am Fest des San Giovanni gegangen war, und Giuseppe Onnis, weil er einmal die Kirchenglocken geläutet hatte.

In dieser Stimmung passierte im Mai 1917 (in Italien tobte der Kampf um die Neutralität im 1. Weltkrieg) folgendes: Gramsci saß in der Redaktion des Grido in einer ruhigen, entspannten Diskussion mit vier jungen Männern, die sich in unüblicher Weise siezten. Battista Santhìa, ein Redaktionsmitglied, kam zu dieser Diskussion und erfuhr dabei zu seinem großen

Erstaunen, dass sich Gramsci mit jungen Katholiken in ruhigem und sachlichem Ton über gemeinsame Aktivitäten gegen den Krieg unterhielt. Santhìa habe ironisch gefragt, ob er sich mit Gebeten anschließen sollte, um das große Wunder des Friedens herbeizuführen. Woraufhin er von Gramsci zurecht gewiesen worden sei: „Wenn wir weiterhin nur mit Atheisten zu tun haben wollen, werden wir alleine bleiben" (Fiori, S. 146).

Eine inhaltlich ähnliche Szene wiederholte sich später, 1921:

Mittlerweile hatte Gramsci die Konzeption einer Öffnung gegenüber allen fortschrittlichen Kräften praktisch angewandt. Gramsci wollte, dass über einen Diözesan-Kongress, an dem über 200.000 Gläubige teilnahmen, im L'Ordine berichtet werden sollte. Trotz seines Hinweises: „Das ist ein Ereignis, an dem das Volk teilnimmt, wir können es nicht unbeachtet lassen!" gab es massive Kritik, es erschien über diese Massenveranstaltung nur ein kurzer Bericht. Andrea Viglongo, ein Gramsci zugeneigter Ordine-Mitarbeiter, schrieb auf Gramscis Anregung einen Leitartikel gegen den plumpen Antiklerikalismus und zog dabei auch deutlich gegen die Zeitung L'Asino zu Felde. Gramsci gab seine Zustimmung zur Veröffentlichung auf der ersten Seite des Ordine v. 27. August 1921. Es hagelte Kritik, Vorwürfe, Beschimpfungen, Drohungen (heute würden wir von einem handfesten *Shitstorm* sprechen), aber Gramsci habe nur gemeint: „Der Leitartikel war gut" (Fiori, S. 211 f).

In den vielen Briefen, dies als drittes Beispiel, die er an Tanja über seine Frau Giulia richtete, kommt oft das Spannungsverhältnis Zwang - Konsens zum Vorschein. Gramsci will, dass Giulia gesundet, er kann sie emotional dazu nicht erreichen, er aber möchte, dass sie sich behandeln lässt. Nur, da, wo überhaupt kein Konsens möglich ist, aber die Bedingungen so gegeben seien, dass man ihr helfen müsse, dürfe auch Zwang angewandt werden.

Auch dieses ambivalente Verhältnis Zwang <--> Konsens kommt in seinen Schriften immer wieder vor.

Um diesen Text in seiner Kürze überhaupt einigermaßen lesbar zu erhalten, wird auf die dauernde Zitation aller Textstellen verzichtet und nur summarisch auf größere Zusammenhänge in den Gefängnisheften verwiesen.

Eine einfache Definition dessen, was Gramsci mit Hegemonie meint, und damit einen ebenso einfachen Zugang zu seinen Vorstellungen gibt es nicht. Durchweg benutzt Gramsci den Begriff Hegemonie so, wie er ursprünglich in der Antike gedacht war. Die Bezeichnung erschien im klassischen Griechenland, dort war ein *Hegemon* der freiwillig anerkannte Anführer für eine bestimmte Sache (Athen war der Hegemon im wirtschaftlich prosperierenden Attischen Bund, im Abwehrkampf gegen die Perser war Sparta der natürliche Hegemon) - im Gegensatz zum *Arche*[10], der eine gewaltsame Vorherrschaft ausübte. Hegemonie im Gramscischen Sinne hat nichts mit Kampf und Unterdrückung zu tun. Natürlich kann man es sich dann wie die Neue Rechte einfach machen, Gramsci einfach

---

[10] Interessant, dass in der Kirchenhierarchie *Arche-Episkopos*, also Erz-Bischof, damit ein „gewaltsam" eingesetzter Bischof ist, was sich z.B. bei der Ernennung von Joachim Meisner zum Erzbischof von Köln recht eindrucksvoll bestätige: Um ihn gegen den Willen des Kölner Domkapitels und vertragswidrig gegen das Preußische Konkordat durchzusetzen, änderte Papst Johannes Paul II kurzerhand die gültige Wahlordnung.

ungelesen irgendetwas andichten. Es ist ja auch nicht schlimm, selber mal etwas zu denken - das hat dann aber mit den Gedanken Gramscis nichts zu tun.

Gramsci war Marxist. Für ihn galten die ökonomischen Bedingungen, wie Marx sie beschrieben hat, als verbindlich. Weniger, das dürfen wir aus den Texten lesen, erkannte er die postulierten historischen Gesetzmäßigkeiten an. Wichtig daher eine größere Passage aus dem 13. Heft der Gefängnishefte[11]. Da verwahrt er sich gegen angeblich objektive Gesetze mit der gleichen Kraft wie Naturgesetze, die mit einer Art „religiösen Finalismus" zusätzlich belastet seien. Das ist natürlich ein deutlicher Einspruch gegen die Grundüberzeugungen des Historischen Materialismus. Gleichzeitig beschreibt er die Zuordnung als falsch, Zerstörung rein als mechanisch, nicht als Chance, nicht als Zerstörung - Neuaufbau zu sehen[12] (GH, Bd. 7,

---

[11] Das Heft 13 wurde von ihm zwischen 1932 und 1934 geschrieben und hatte als Generalthema Machiavelli.
[12] Im Kommunistischen Manifest beschreiben Marx und Engels das Verdrängen einer ökonomischen Ordnung durch eine neue als Zerstörung. Genauer beschrieben hat das allerdings erstmals Joseph Schumpeter 1942, als

Heft 13, § 23, S. 1.586). Mit dieser Grundhaltung war die Basis gegeben, Kooperationen zu bilden. Da nach seiner Überzeugung der Kommunismus nicht zwangsläufig siegen werde, müsse viel für eine Verbreitung der grundsätzlichen kommunistischen Ideen getan werden.

Aus dieser Idee stammt seine Vorstellung von Hegemonie. Hegemonie bedeutet hier keinesfalls die (militärisch) gewaltsame Vorherrschaft, sondern das Vorherrschern von Ideen und Überzeugungen innerhalb von gesellschaftlichen Bündnissen. Hegemonie erscheint an vielen Stellen auch unter Synonymen wie Anziehungskraft, Prestige, politische Führung oder Ausstrahlungskraft. Was eben oft missverstanden wurde: Sehr wohl wollte Gramsci eine kommunistische Gesellschaft, er wollte sie aber nicht zum Preis einer zwanghaften Überstülpung. Diese „Doppelperspektive", die er auch für seine erkrankte Frau sah, nämlich Zwang und Konsens, müssten in einem gerechten Mischungsverhältnis realisiert werden. Er

---

er den Kapitalismus mit „schöpferischer Zerstörung" beschrieb (In: Kapitalismus - Sozialismus - Demokratie, Kapitel 7). Gramsci meinte in diesem Text offensichtlich ähnliches.

fordert deutlich heraus und dies ist zweifellos der Kern der Hegemonie-Vorstellungen Gramscis: „Die Hegemonie eines führenden Zentrums über die Intellektuellen hat folgende zwei strategische Linien: ‚eine allgemeine Auffassung vom Leben', eine Philosophie (Gioberti), die den Anhängern eine ‚Würde' verleiht, die den herrschenden Ideologien als Kampfprinzip entgegengesetzt werden kann; ein schulisches Programm, das jene Fraktion der Intellektuellen, welche die homogenste und zahlreichste ist (Lehrer, von den Volksschullehrern bis zu den Universitätsprofessoren) interessiert und ihr eine eigene Aktivität auf ihrem Fachgebiet gibt" (GH, Bd. 1, Heft 1, § 46, S. 117)[13].

Leicht lässt sich aus dem Gesagten erkennen: Gramsci möchte keinesfalls eine gewaltsame Übernahme einer Regierungsgewalt, möglicherweise weil fünf Jahre nach Lenins Tod und nach Stalins ziemlich gewalttätiger Machtübernahme er dies als abschreckendes Beispiel sah. Hauptsächlich möchte er freiwillig in einem breiten Konsens arbeitende Menschen an der

---

[13] Das gesamte 1. Heft, begonnen 1929, handelt von diesem Thema

Entwicklung der zukünftigen Gesellschaft beteiligt wissen. Hegemoniale Ideen sollen natürlich dabei die sein, für die die Kommunisten stehen - dies müsse aber in einem Konsens erfolgen. Um zu einer Ideen-Vorherrschaft zu kommen, brauche es einerseits eine „allgemeine Auffassung vom Leben" und andererseits Menschen (Intellektuelle), die an der Verbreitung dieser Ideen aktiv und innerlich beteiligt sind. Hegemonie ist für ihn auch *moralische Führung*.

Hegemonie bedeute auch, dass die hegemoniale Gruppe bei ihren gesellschaftlichen (und damit als Marxist: ökonomischen) Forderungen und Vorstellungen Abstriche zu machen hat. Aus einer Vielzahl von unterschiedlichen Interessen müssten Bündnisse geschmiedet werden, durch die die Entwicklung einer modernen Gesellschaft ermöglicht werde.

Wenn wir uns, deswegen wurden sie aufgeführt, Gramscis frühe Briefe an Giulia noch einmal vor Augen führen, ist dieses Denken Ausdruck dessen, was er erlebt hat. Ich behaupte, seine Liebe zu dieser depressiven und zurückhaltenden Frau, in der er auch „die Masse an Menschen liebte", hat Gramsci es ermöglicht, seine Haltung zur Politik als allgemeine

Haltung zu erkennen. Eigentlich bestätigt er damit Marx Einschätzung aus dem Vorwort „Zur Kritik der politischen Ökonomie": Es sei nicht das Bewusstsein, das das Sein bestimme, sondern umgekehrt bestimme das Sein das Bewusstsein. Übrigens ist das nicht erst Marxens Erfindung, dem stoischen Philosophen Epiktet wird ein inhaltlich ähnlicher Satz zugeschrieben: „Nicht die Dinge selbst beunruhigen die Menschen, sondern die Vorstellungen von den Dingen" (Epiktet, Pkt. 5, S. 20).

An einer Stelle in den Gefängnisheften schreibt Gramsci, „dass eine Klasse auf zweierlei Weise herrschend ist, nämlich ‚führend‘ und ‚herrschend‘" (GH, Bd. 1, Heft 1, § 44, S. 101)[14].

Hegemonie im Sinne Gramscis bedeutet also Zusammenarbeit und Bündnis mit anderen auf der Basis eines Konsenses, bei dem eigene Vorstellungen durch Schulung und bindende Werthaltungen einen starken Anteil haben.

Hegemonie ist damit nicht gleichzusetzen mit gewaltsamer Machtausübung, sondern mit

---

[14] Im Original liest sich das so: „… che una classe è dominante in due modi, è cioè ‚dirigente‘ e ‚dominante‘." *Dirigente* ist eine etwas mildere Form von führend, eher (an-)leitend.

Ausbreitung von Ideen im Rahmen eines Konsenses auf der Basis gleicher oder zumindest ähnlicher Grundüberzeugungen. Damit ist gleichzeitig auch gesagt, dass Gramsci in diesem Konzept immer eine moralische Forderung beinhaltet sieht.

Und damit ist es nur ein kurzer Weg hin zu Gramscis kulturpolitischen Ideen. Wie aus seiner Biografie hervorgeht, hat er sich schon als Redakteur des Ordine sehr um kulturelle Angelegenheiten bemüht. In Turin war er regelmäßiger Zuschauer in den Theatern, er schrieb sehr viele Kritiken und beschäftigte sich sehr viel mit den Theater-Stücken von Luigi Pirandello.
Weshalb Pirandello so sehr von Gramsci verehrt wurde, erschließt sich nicht sofort. Schließlich hatte der eine durchaus als ambivalent noch zurückhaltend formuliert zu nennende Haltung zum Faschismus, 1924 bat er Mussolini direkt um Aufnahme in der faschistischen Partei. Andererseits erprobte er völlig neue Theaterformen, bekannt auch in Deutschland und hier immer wieder aufgeführt ist sein Stück „Sechs Personen suchen einen Autor". Piran-

dello stammt aus Sizilien, kam also wie Gramsci aus einem abgehängten Stück Italiens. Pirandello studierte in Bonn[15], promovierte auch dort und unterrichtete einige Zeit am Romanischen Institut, bevor er wieder nach Italien zurückging. 1934 erhielt er für seine Dramen den Literaturnobelpreis. Pirandello starb 1936, noch vor Gramsci.

Das zeichnet Gramsci aus: Trennen zu können zwischen Aussage und Darstellung im künstlerischen Ausdruck. Weshalb Pirandello so glühend in den *Partito Nazionale Fascista* eintreten wollte, dass er sich sogar direkt und angeblich höchst devot direkt an Mussolini wandte, erschließt sich nicht. Seine Dramen entwickelten neue Stilformen, in der Aussage waren sie gerade nicht das, was der PNF verhieß. Jedenfalls hatte er nichts Schwülstiges wie z.B. Gabriele d'Annunzio.

Sehr oft schrieb Gramsci: Alle Menschen sind Intellektuelle! Möglicherweise ließ sich Gramsci durch das Vorgehen Emile Zolas im Rahmen

---

[15] Eine Bemerkung zur eigenen Eitelkeit: Während meines Studiums in Bonn wohnte ich im Stadtteil Ippendorf und radelte zu den Kliniken immer an der Luigi-Pirandello-Straße vorbei.

der Dreyfus-Affäre[16] beeinflussen. In einem *Manifest der Intellektuellen* forderte er die Wiederaufnahme des Verfahrens. Gegner Zolas hatten zuvor den Ausdruck *Les intellectuels* als Schimpfwort gebraucht, worauf dieses Manifest von Literaten und Professoren, aber auch von Köchen, Arbeitern, Handwerkern getragen wurde.

So notiert Gramsci im 11. Heft, das er zwischen 1932 und 1933 zum „Studium der Philosophie" schrieb: „Kritisches Selbstbewusstsein bedeutet geschichtlich und politisch Schaffung einer Elite von Intellektuellen: eine menschliche Masse ‚unterscheidet' sich nicht und wird nicht ‚per se' unabhängig, ohne sich (im weiten Sinn) zu organisieren, und es gibt keine Organisation ohne Intellektuelle" (GH, Bd. 6, Heft 11, §12, S. 1.385). Nach seiner Auffassung gibt es nicht *die* Intellektuellen a priori, sondern aus allen („menschliche Masse") entwickeln sich Menschen mit besonderen Fähigkeiten hin-

---

[16] Der jüdisch-französische Hauptmann Alfred Dreyfus wurde 1894 in einem an Rechtsbrüchen reichen Verfahren der Spionage für Deutschland und damit des Landesverrats für schuldig befunden und verurteilt.

sichtlich besonderer Arbeit im Bereich der Theorie.

Aus dieser Grundüberzeugung heraus ist für Gramsci Bildung auch im Sinne eines lebenslangen Lernens durch Theaterbesuche oder Lesen von Büchern wichtig. Denn hieraus entsteht die für eine Organisation notwendige Schicht von intellektuellen. Arbeiterbildung, Freizeit mit Musik, Lesungen oder gemeinschaftlichem Singen sind nach Gramsci Elemente dieser Bildung.

Die Verbindung Hegemonie - Bildung lässt dann schon daran denken, dass eine Bildung der Arbeiterklasse, so wie Gramsci sie kannte, Grundvoraussetzung dafür war, hegemoniale Bestrebungen auch ausfüllen zu können.

V. Die anderen kupfern ab - Gramsci und die Rechten

Oft finden wir auch Interessantes in den Ideen anderer, merken aber, dass nicht alles so passt, wie wir es am liebsten hätten. Diese Verblindung anderen Gedanken gegenüber habe ich als Schüler erlebt, als manche sich konsequent weigerten, Autoren wie Schelsky zu lesen (wobei sein Buch: „Die Arbeit tun die anderen. Klassenkampf und Priesterherrschaft der Intellektuellen" von 1975 nicht uninteressant ist) oder sich heute manche alternativen BuchhändlerInnen geweigert hatten, Bücher von Thilo Sarrazin auszulegen (der als Herausgeber des Buches: „Kritischer Rationalismus und Sozialdemokratie", auch von 1975, immerhin noch als Linker verschrien war).

Nach meinem Kenntnisstand hat sich erstmals der französische Anhänger der *Nouvelle Droite* (Neue Rechte), Alain de Benoist, mit Gramsci intensiver beschäftigt. Er beschreibt als einen der großen Irrtümer unserer Zeit den „Glaube[n], dass man mit dem Anhäufen von Kenntnissen automatisch auch weiß, wie man sich ihrer zu bedienen hat" (de Benoist, S. 52). Kein Einwand, eher mehrere Ausrufezeichen von mir. Über diese Schiene gelangt er zu Gramsci und interpretiert dessen Hegemonie-Vorstellung. Als bekennender Rechter legt de Benoist aus, dass Gramsci sich nach dem Krieg als Gefangener in einer moralisch besseren Position befinden müsste. De Benoist betont damit einen im Gramscischen Hegemonie- und Kulturbegriff vorkommenden, seiner Theorie immanenten Begriff: den der Moral. Das hat bei den moderaten Rechten zu Einsichten geführt, den politischen Kampf um eben diese Ebene zu erweitern. Und man muss sagen: Damit haben sie in vielen Bereichen der Sozialdemokratie das Wasser abgegraben. Denn statt konkret auf die Frage: „Ist es eigentlich fair und moralisch vertretbar, zu Dumpinglöhnen arbeiten zu müssen?" zu antworten, haben wir in vielen Fällen auf die rechtliche Seite geschaut - ohne sofort auf den moralisch-ethischen Aspekt zu kommen. Es gibt durchaus einen Konsens in der Gesellschaft darüber, dass derzeitige Situationen wie volltags zu arbeiten und dennoch noch Unterstützung zu benötigen, moralisch nicht hinnehmbar sind. Oft haben Rechte dieses Thema aufgegriffen und haben damit erfolgreich ihre anderen, sehr fragwürdigen Thesen gemeinsam verbreiten können: „Es ist doch menschenunwürdig, dass Rentner im Abfall nach Leergut suchen müssen (zweifellos richtig), während Asylbetrüger es sich gut gehen lassen (zweifellos falsch)".

Auch Rassisten haben sich Gramscis angenommen. Oben (Anm. 2, S. 11) schon wurde auf eine Rede von Björn Höcke Bezug genommen. 2018 hat er in der Lutherstadt Eisleben eine exemplarische Rede gehalten (Zeitangaben beziehen sich auf die Rede nur von Höcke, eingebettet als Mitschnitt in den Artikel). Höcke habe drei Dinge von Gramsci „bekommen": Zum einen „Hegemonie durch Assimilation" (22:59 min), dann die „Sensibilität um die Notwendigkeit des Kampfes um Begriffe" (26:50 min, das ist die Passage, in der Höcke die AfD'ler bittet, das Wort „Flüchtling" nicht mehr zu gebrauchen und stattdessen lieber „Glücksritter" u.ä. zu benutzen) und letztlich

die Unterscheidung zwischen „bürgerlicher und politischer Gesellschaft" (31:20 min).
Schauen wir uns die drei Hinweise an - in umgekehrter Reihenfolge, das geht einfacher.

Die dargestellte Unterscheidung in einerseits bürgerliche und andererseits politische Gesellschaft ist bei Gramsci schwer zu belegen. Ganz im Gegenteil: Nach Gramsci beruhe der Ansatz des ökonomischen, staatlichen Handelns „auf einem theoretischen Irrtum, dessen praktischer Ursprung unschwer zu erkennen ist: nämlich auf der Unterscheidung von politischer Gesellschaft und Zivilgesellschaft" (GH, Bd. 7, Heft 13, § 18, S. 1.566). Was er aber oft beschreibt, ist die bürgerliche Gesellschaft im marxistischen Sinne, also die Gesellschaft, in der weiterhin das Privateigentum an Produktionsmitteln bestimmend für alle Bereiche ist. Schwer zu glauben, dass Höcke ihm da zustimmt.

Die geforderte „Sensibilität um die Notwendigkeit des Kampfes um die Begriffe" ist völlig abstrus. Nie käme der Humanist Gramsci auf die Idee, menschenverachtende Begriffe salonfähig machen zu wollen. Es gibt nicht einen Hinweis in den Texten Gramscis darauf. Ganz im Gegenteil: Gramsci war ein vielleicht zu kühler Intellektueller. Sehen wir uns noch einmal die Szene seiner einzigen Rede im italienischen Parlament an (S. 23), so wird klar, dass er nie einen „Kampf um Begriffe" im Sinn hatte. Gegen die polternden Reden Mussolinis setzt er einen fast akademischen Vortrag, in dem er Fakten und Zahlen nennt. Mussolini habe, so bezeugen es Fotos und Dokumente, interessiert zugehört (das italienische Parlament hatte zu dieser Zeit wohl noch keine Lautsprecheranlage, denn Mussolini musste seine Hand zu einem Hörrohr formen, um den wegen seiner Lungenerkrankung leise sprechenden Gramsci zu verstehen) und dann mit ihm diskutiert. In keiner Zeile seiner Reden und seiner Aufzeichnungen fordert Gramsci einen Kampf um Begriffe.

Ganz obskur wird es aber mit Höckes (nennen wir es mal gutwillig so:) Interpretation des Hegemonie-Konzepts von Gramsci. *Hegemonie durch Assimilation* auf Gramsci fußen zu lassen ist ähnlich schlüssig wie die Bücher von George R. R. Martin „Das Lied von Eis und Feuer" (*Game of Thrones*) als Beweis für das Leben und den Kampfeinsatz von Drachen zu zitieren. Hegemonie ist für Gramsci eine allgemeine historisch-politische Kategorie, die er häufig an Beispielen (besonders Machiavelli, aber auch die Entwicklung Italiens) demonstriert. Er begründet seine Gedanken grundsätzlich mit einer auf Demokratie gegründeten modernen Gesellschaft. Hegemonie ist eine durch geistige, politische und moralische Integrität erlangte Führungsfunktion. Sie bedarf der direkten oder immanenten Zustimmung der Bündnispartner. Die Hegemonie im Sinne Gramscis bedeutet nicht die gewaltsam erreichte Führung einer Klasse, sondern die Berücksichtigung auch der Interessen von Bündnispartnern. Hegemonie wird bei Gramsci immer im Kontext mit Konsens gesehen, einem Konsens zwischen verschiedenen Interessengruppen. Gramsci spricht betont sogar von einer „Doppelperspektive" (GH Bd. 7, Heft 13, § 14, S. 1.554) von Hegemonie und Konsens.

Dies als Hegemonie durch Assimilation zu bezeichnen, lässt nur einen Schluss zu: Höcke hat nie in seinem Leben auch nur eine Zeile von Gramci gelesen[17].

Die Steigerung dieses Versuchs können wir täglich sehen. Hier wird der Kampf um Begriffe und Inhalte zum perversen Spiel.
Benjamin Netanyahu und Victor Orban bedienten sich desselben Wahlkampfmanagers: Artur Finkelstein aus den USA[18]. Ein einfaches Muster: Fürchterliche Unterstellungen, die an Monstrosität unmöglich zu überbieten sind, werden über den politischen Mitbewerber ausgeschüttet - gibt es keinen mehr wie in Orbans demokratielosem Ungarn, wird einer erfunden. Dieses Los traf einen Philanthropen, George Soros, der ehemalige Milliardär, der fast sein gesamtes Vermögen der Volksbildung gestiftet hatte. Soros wurde als Gegner erfunden und musste in Ungarn statt wirklicher Gegenkandidaten auf Plakaten dafür herhalten. Um das

---

[17] Im 12. Heft benutzt Gramsci den Begriff Assimilierung. Aber dort beschreibt er historische Gruppen von Intellektuellen, die im Kampf um „ideologische" (Anführungszeichen im Original) Eroberung standen. Der Absatz beginnt mit dem bekannten Satz: „Alle Menschen sind Intellektuelle" (GH, Bd. 7, Heft 12, § 1, S. 1.500)
[18] Quelle: https://mobile2.12app.ch/articles/15982301

wirkliche Drama um Soros zu begreifen, muss man die perfide Taktik des Finkelstein erkennen: Es geht um Personalisierung. Wir sind nicht gegen die Nazis, sondern gegen Adolf Hitler, wir bekämpfen nicht Al-Kaida, sondern Osama Bin Laden. Und wir bekämpfen nicht das Großkapital, sondern George Soros (der übrigens auch Victor Orban ein Stipendium gewährt hatte, damit der in England Philosophie studieren konnte). Finkelstein vertrat Netanyahu, der gegen Simon Peres eine in Israel nie gesehene Hetze inszenierte und er bzw. mittlerweile sein Team beriet Trump.

Hier ging es wirklich um den Kampf um Begriffe. Dies zu erkennen heißt auch: Der Strategie etwas an Schärfe und Brisanz zu nehmen.

VI. Und jetzt?
Geht uns das was an?

Was sagt uns das Geschreibsel eines in einem faschistischen Knast schmachtenden buckligen, schwindsüchtigen Kommunisten?

Die grundsätzliche Aussage: Gedanken können Haltungen verändern.

Insbesondere katholische Kirche und Sozialismus / Kommunismus standen sich von Anfang an unversöhnlich gegenüber. Marxens Aussage zur Religion ist bekannt. In den „Einführungen zur Hegelschen Rechtsphilosophie" schrieb er 1844: „Das *religiöse* Elend ist in einem der *Ausdruck* des wirklichen Elendes und in einem die *Protestation* gegen das wirkliche Elend. Die Religion ist der Seufzer der bedrängten Kreatur, das Gemüt einer herzlosen Welt, wie sie der Geist geistloser Zustände ist. Sie ist das *Opium* des Volks" (MEW Bd. 1, S. 71). Oft wird dieser letzte Satz verfälscht als „Opium **für** das Volk" zitiert. Opium war ziemlich aktuell, denn es wurde gerade zu diesem Zeitpunkt verstärkt eingesetzt, England führte zwischen 1839 und 1842, also zwei Jahre vor Marx Zitat, den *Ersten*

Opiumkrieg in China. Es galt als Mittel zu einer angenehmen Beruhigung. Von daher ist diese Wortwahl zu verstehen: Religion ist die angenehme Beruhigung, die das Volk konsumiert.

Die Kirche reagierte prompt: Papst Pius IX (der Erfinder der Unfehlbarkeit der Päpste, der im Nachhinein als schizophren beschrieben werden muss) erließ 1864 eine in zehn Paragraphen gegliederte „Auflistung der Irrtümer" (*syllabus errorum*), die 80 Aussagen enthielt, wobei der § 4 die „Irrtümer" von Sozialismus und Kommunismus beschreibt.

Der Nachfolgepapst Leo XIII führte diese Auseinandersetzung fort, in der Enzyklika *Quod apostolici muneris* von 1878 bezeichnet er Sozialismus als „Pest". Er widmete sich in der als 1. Sozialenzyklika bekannten Sendschrift *Rerum novarum* von 1891 der Arbeiterfrage gerade auch als Gegenmittel gegen den Sozialismus.

1905 hob Pius X für die Katholiken das Verbot auf, an Wahlen teilzunehmen, das Pius IX ausgesprochen und Leo XIII bestätigt hatte. Gleichzeitig förderte er die die *azione cattolica* (Katholische Aktion), aus der sich später politische Parteien entwickelten (in Italien die Democrazia Cristiana, in Deutschland vor dem Nationalsozialismus das Zentrum, in dessen Gefolge nach dem 2. Weltkrieg die CDU).

Der PSI war ebenfalls nicht zurückhaltend mit der Gegnerschaft gegen die Kirche, das maßgeblich von Sozialisten getragene Blatt L'Asino war ein antiklerikales Kampfblatt, wer in der Kirche aktiv war oder sogar nur Messen besuchte, musste mit dem Ausschluss aus der Partei rechnen.

Und deswegen war es so mutig von Gramsci, wie oben beschrieben mit den vier jungen Katholiken im Büro einer kommunistischen Zeitung lange zu diskutieren oder über eine Diözesan-Veranstaltung zu berichten.

Bis weit in die 60er Jahre des 20. Jahrhunderts dauerte diese zermürbende Gegnerschaft, ein gemeinsames Arbeiten schien kaum möglich.

Bis sich die Grundideen von Gramscis Hegemonie und Konsens durchsetzten - und zwar sowohl in der politischen als auch in der zivilen Gesellschaft. Die ersten Pflänzchen dieses Aufeinanderzugehens beschrieb der italienische Autor Giovanni Guareschi in seinen Romanen über *Don Camillo und Peppone* hervorragend. Dabei war Guareschi keineswegs ein kirchentreuer Autor, er war Karikaturist und saß für manche Karikaturen auch länger im Knast. Über eine Verhöhnung des faschistischen Regimes in Italien kam er doch noch kurz vor Kriegsende in den Kriegseinsatz, wurde aber später von der SS festgenommen und war u.a. im Außenlager des KZ Neuengamme in Sandborstel bei Bremen inhaftiert.

Auf kommunistischer Seite nahmen anfangs zögerlich, dann verstärkt Palmiro Togliatti („Wende von Salerno", 1944), der den PCI als „Partei neuen Typs" wieder begründete, besonders aber Enrico Berlinguer, ein Sarde wie Gramsci, den *compromesso storico*, den Historischen Kompromiss als Ausgleich zwischen Kirche und Arbeiterbewegung auf. Weil sich die kommunistischen Parteien Frankreichs, Italiens und Spaniens seit dem sowjetischen Überfall auf die Tschechoslowakei 1968 verstärkt von der KPdSU abgrenzten, fasste man diese Ausrichtung als Eurokommunismus zusammen.

Auf Seiten der Christdemokraten fand Berlinguer in Aldo Moro einen Partner, der diese Zusammenarbeit auch unbedingt wollte. Aldo Moro kam über die azione cattolica zur DC, er war einer der Ministerpräsidenten mit der längsten Amtszeit in Italien. Moro stammt aus

Apulien und hat seit 1934 in Bari studiert - er und Gramsci waren sich also ganz knapp sehr nahe bei einander gewesen. Später war Moro an dieser Universität auch Professor und lehrte Jura. Die Universität von Bari heißt übrigens seit 2008, dem 30. Jahrestag von Moros Ermordung *Università degli studi di Bari Aldo Moro*, womit sie ihren bekanntesten Studenten und Professor ehrt.

Aldo Moro wurde 1978 von den Brigate rosse entführt und wurde 55 Tage später durch acht Schüsse ermordet gefunden. Bis heute ist nicht genau geklärt, unter welchen Umständen Aldo Moro ermordet wurde. Bis 2013 gab es immer wieder Untersuchungskommissionen, bis heute gibt es widersprüchliche Hinweise und Belege.

Fakt ist nur: Der damalige Ministerpräsident Giulio Andreotti, ein parteiinterner Widersacher Moros und des historischen Kompromisses, der begründet mit der Mafia in Verbindung gebracht wurde, lehnte jede Verhandlung zur Freilassung Moros ab. Es kam im Gefolge des Mordes zu heftigen persönlichen Auseinandersetzungen zwischen Mitgliedern der DC, die letztlich die Ursache waren, dass die Partei einige Jahre später massiv zerfiel, der Großteil der Christdemokraten dann zusammen mit den ehemaligen Kommunisten aus dem auch zerfallenden PCI und dem PSI über das Wahlbündnis *L'Oliva* schließlich den *Partito Democratico* gründeten.

So fand sich der historische Kompromiss in sogar einer neuen Partei wieder. Massimo Caccari, Philosophieprofessor, der auch für zwölf Jahre Bürgermeister von Venedig für den PD war, fand in dieser Situation die Idee für eine neue politische Philosophie Italiens, die auch in Deutschland viele Bewunderer fand. In der *Università Ca' di Foscari di Venezia* gibt es jährlich im Sommer Seminare zu diesem Thema.

Diese Entwicklung, von einer scharfen Auseinandersetzung zwischen Katholizismus und Kommunismus über gemeinsame Regierungsverantwortung, wurde maßgeblich durch Gramscis theoretischer Beschreibung von Hegemonie und Konsens beeinflusst, wenn nicht sogar eingeleitet.

Diese längere Ausführung sollte dazu dienen, denen, die immer nur an „praktische Arbeit" denken und die dahinter stehenden Überlegungen und Diskussionen vergessen möchten, einen Hinweis zu geben: Wichtig ist es auch, darüber nachzudenken, was wir tun und warum wir es tun.

Und andererseits sollen diejenigen, die sich nur zu gerne in theoretische Diskussionen vertiefen, auch erkennen, dass ohne die aktive Politik, ohne das Tun und das Bewirken von Veränderungen die imposantesten Ideen wenig nutzen.

Nun befinden wir uns aktuell weder in der Position als Verantwortungsträger eines Landes noch in der von Bedingungen, die eine historische Neuorientierung brauchen. Dennoch müssen wir uns fragen: Was können wir aktuell tun?

Gramsci nannte auch synonym für Hegemonie: Prestige, Achtung, Anerkennung. Er sprach also immer von einer **moralischen Hegemonie**. Und das übersetzt auf unsere Situation in der Zeit der Wutbürger, des unreflektierten Schimpfens, des Nichtmehrzuhörens bedeutet genau das Gegenteil von diesem Zeitgeist zu tun: Aufmerksam zu sein, Anliegen anderer ernst zu

nehmen und nicht über sie aufmerksamkeits-
heischend hinwegzubrüllen. Diese Haltung bedeutet also Konstanz in unserem Tun, alleine
dadurch schon vertrauensbildend zu wirken.
Wir Bassumer Sozialdemokratinnen und Sozialdemokraten vergeben 2021 bereits zum 27.
Male in unterbrochener Folge die „Bassumer
Linde" als Anerkennung für ehrenamtliche Arbeit, wir stehen seit 1994 jährlich regelmäßig
am 9.11. um 18.00 Uhr abends am Platz der
alten Bassumer Synagoge, um an die Pogrome
der Nazis zu erinnern. Abgesehen von unserer
mittlerweile 19. Klausurtagung auf Spiekeroog
2020 (die folgende fiel Corona-bedingt aus)
sind wir in allen unseren Anliegen konstant.
Neue Anliegen diskutieren wir offensiv, auch
wenn sie momentan möglicherweise nicht dem
Facebook-Mehrheitswillen unterzuordnen sind,
ich denke da an unsere extrem gut besuchte
Podiumsdiskussion zu den Umbauplänen am
„Bremer Platz" oder den bereits 2014 veröf-
fentlichten Forderungen nach und Plänen zu
einem neuen Rathaus, die dann 2018 (!) in einem Beschluss mündeten.
Wir zeigen also durch unser Beispiel: Anerkennung erreichen wir durch unsere transparente,

offene Arbeit, die auch Unpopuläres nicht anderen überlässt. Diese Haltung hat dazu geführt, dass wir die größere Fraktion im Stadtrat bei diesen großen Anträgen immer „hegemonisiert" hatten (z.B. in der „Vision Bassum 2020" zum Bereich Jugendhaus oder beim Thema KiTas). Wo dies nicht geschah wie z.b. beim Feuerwehrbedarfsplan oder anfangs beim Konzept für die Planungen zum innerstädtischen zentralen Einkaufs- und Versorgungsbereich, konnten wir die anderen Fraktionen „hegemonisieren".

Dazu kommt, dass viele Themen wie aufgeführt erst durch uns in die öffentliche Diskussion gelangten, wir also die Richtung bestimmen konnten (die anderen mussten auf unsere Ideen reagieren).

Auch wenn unsere Fraktionsstärke diesem Einfluss nicht entspricht, zeigt dies aber, dass wir durch Gedanken und Ideen Hegemonie oder: Achtung und Anerkennung erlangt haben. Sehr schön dazu das Ergebnis der Kommunalwahlen vom 12.9.2021: Wir sind die einzige Fraktion mit Zugwinnen.

Konsensuelle Beschlussfassungen sind aus diesem Grunde für uns zentral: Weil wir durch die Arbeit vorher die Ideen anderer mit aufgenommen und eingearbeitet haben, konnten auch politische Gegner ohne Gesichtsverlust den Gesamtpaketen zustimmen. Es kommt auch nicht zu einem *Einheitsbrei*, weil in der öffentlichen Auseinandersetzung die Unterschiede ausführlich thematisiert werden. Das ließ sich bei der Diskussion um die Erweiterung des Gewerbegebiets Karrenbruch II deutlich erkennen. Bis heute immer noch kaum vorstellbar, aber tatsächlich Realität, dass sich die CDU als unserer engster Verbündeter bei der Ausweisung von Wohngebieten in den Umlandgemeinden erwiesen hat - und das nach einem Plan, der 1972 von den Jusos (Roth) vorgelegt wurde (die Stadt plant Baugebiete, kauft vorher diese Gebiete über die Wirtschafts- und Stadtentwicklungsgesellschaft zu einem Preis, der deutlich über dem aktuellen Bodenrichtwert für Rohland, aber auch sehr deutlich unter dem für Bauland liegt und weist diese Flächen erst dann als ein Baugebiet aus, um die Flächen zum Selbstpreis mit zeitlicher und persönlicher Bindung zur Selbstnutzung an Bauwillige zu verkaufen. Möchte ein Landbesitzer nicht zu diesen Bedingungen verkaufen, wird es kein Baugebiet). Mit diesem durchaus linken Konzept haben wir mittlerweile knapp 300 neue Einwohnerinnen und Einwohner gewinnen können.

Hegemonie und Konsens - erreichbar durch klare Aussagen, ein Erspüren von Ideen und dem, was den Menschen auf den Nägeln brennt bei gleichzeitiger Vermeidung von populistischer Anbiederung sowie einer offenen, die anderen ernst nehmenden und überzeugenden Diskussion. Antonio Gramsci hat die Ideen dazu geliefert in einer Zeit, in der dieses Gespräch mit anderen kaum vorstellbar und wegen seiner Haft von ihm überhaupt nicht leistbar war. Die Grundlagen dazu hat aber er erdacht.
Schauen wir unsere eigene, auch örtliche Entwicklung, so sehen wir, dass sich auch bei uns dieser Prozess erst langsam durchgesetzt hat. In der ersten Zeit meiner Ratstätigkeit wäre es völlig undenkbar gewesen, gemeinsam mit der CDU eine Informationsveranstaltung zu organisieren. Heute halten die beiden stellvertreten-

den Bürgermeisterinnen von SPD und CDU gemeinsame Reden - die von uns vorbereitet werden.

Das ist ein Beispiel für Hegemonie, für Respekt und für Achtung. Eher *dirigente* als *dominante* (s.S. 58).

Natürlich gibt es noch viel zu verbessern. Das beinhaltet einmal unsere eigene Haltung.

So wie Gramsci über das Diözesan-Treffen der 200.000 berichten wollte, müssen wir erkennen, dass andere Menschen andere Interessen haben, auch wenn wir sie nicht teilen. Die Aussage eines Partei-Aktiven auf den Hinweis, ein bestimmter Termin sei schlecht, so „mitten in der WM": „Welche Weltmeisterschaft? Schach?" befremdet doch und zeigt eine gewisse, auch arrogant zu nennende Unsensibilität im Umgang mit den Vorlieben anderer.

Das können wir besser. Wir wissen um die Interessen anderer, um bestimmte Probleme und Verbesserungsmöglichkeiten. Mit unseren Ideen, unserer Phantasie und unserem Engagement können wir überall vorangehen und Weichen stellen. Wir müssen dabei nicht populistisch sein, könnten es aber, ohne uns zu verbiegen. Aber das ist ein anderes Thema (siehe Manow und Mouffe). Vielleicht für die 20. Klausurtagung auf Spiekeroog 2022!

Eines darf nicht vergessen werden: Gramscis Ideen zu Hegemonie, Konsens und Moral sind keine inhaltlichen, sondern ausschließlich strategische Vorstellungen. Er beschreibt nicht, **was** wir tun müssen, hat aber Bilder, **wie** wir es tun können.

Wenn wir voran gehen wollen, müssen wir den Weg: unser Ziel, kennen. Für diesen Weg brauchen wir Schuhe: unser Engagement. Und wir müssen aufpassen, dass die Schuhe nicht drücken, wir müssen sie schnüren: unsere theoretische Basis.

VII. Literatur

Andersen, Perry: Antonio Gramsci - Eine kritische Würdigung. (Org. London: 1977, New Left Review), Berlin: 1979, Olle & Wolter

--: Das italienische Desaster. Erweiterte Ausgabe Berlin: 2015², Suhrkamp

--: Hegemonie (Org. London New York: 2017, Verso), Berlin: 2018, Suhrkamp

Barfuss, Thomas; **Jehle**, Peter: Antonio Gramsci zur Einführung. Hamburg: 2014, Junius

Becker, Lia; Mario **Candeias**; Janek **Niggermann**; Anne **Steckner**: Gramsci lesen. Hamburg: 2013, Argument

Benedikter, Roland (Hg.): Italienische Politikphilosophie. Wiesbaden: 2016, Springer Fachmedien

de Benoist, Alain: Kulturrevolution von rechts. Dresden: 2017, Jungeuropa (Neuauflage)

Bremer, Thomas; Heydenreich, Titus: Italienische Philosophie heute. Zibaldone - Zeitschrift für italienische Kultur der Gegenwart, Heft 51, Frühjahr 2011. Tübingen: 2011, Stauffenberg

Cacciari, Massimo: The Unpolitical. New York: 2009, Fordham University Press

--: Labirinto filosofico. Milano: 2014, Adelphi

--: Schwäche als Instrument politischer Selbstbehauptung, in: Benedikter, Roland, S. 15-30

--: Ikonen des Gesetzes (Org. Mailand: 1985, Adelphi), München: 2018, Fink

Epiktet: Handbüchlein der Moral. Leipzig: 1908, Kröner

Felsch, Philipp: Der lange Sommer der Theorie. München: 2015, Beck

Fiori, Giuseppe: Das Leben des Antonio Gramsci (Org. Bari Roma: 1966, Laterza); Berlin: 2013, Rotbuch

--: La vita del Enrico Berlinguer. Bari Roma: 2004, Laterza

Gramsci, Antonio: Gefängnishefte, 10 Bände, Hamburg: 1990 ff, Argument

--: Gefängnisbriefe, 3 Bände, Hamburg: 2008, Argument

Manow, Philip: Die zentralen Nebensächlichkeiten der Politik. Reinbek: 2017, Rowohlt

--: Die politische Ökonomie des Populismus. Berlin: 2019², Suhrkamp

Mouffe, Chantal: Für einen linken Populismus (Org. London New York: 2018 Verso), Berlin: 2018, Suhrkamp

Neubert, Harald: Antonio Gramsci - vergessener Humanist? Berlin: 1991, Dietz

Roth, Wolfgang (Hg.): Kommunalpolitik - für wen? Frankfurt: 1971, Fischer Taschenbücher

Schiller, Friedrich: Über den Zusammenhang der tierischen Natur des Menschen mit seiner geistigen (Org. Stuttgart: 1780, Cotta), Gesammelte Werke in fünf Bänden, Band V, Stuttgart: o.J., Europäische Bildungsgemeinschaft